Ilustrado por/illustrated by MEGAN HERZART

MILAGROS WALLACE

Chuchito

Bilingual Edition
Spanish-English

BPRO
EDITORIAL

©2022, **Milagros Wallace**
Instagram: **@gregorina_is_here**
BPRO Editorial Detroit. Michigan, USA.
www.bproconsulting.com Instagram: **@bpro_editorial**
Diseño de cubierta e ilustraciones: **Megan Herzart.**
Maquetación: **Elaine Agher.**
Conceptualización y edición: **Will Canduri**.

Apto para niños mayores de 4 años.
Esta es una obra de ficción.
Todos los personajes, nombres, incidentes o situaciones,
son producto de la imaginación del autor y fueron creados
con fines exclusivamente artísticos.
Ninguna parte de este libro puede reproducirse de ninguna
forma, sin el permiso por escrito de la editorial o de su autor,
excepto según lo permita la ley de derechos de autor de los EE. UU.

©2022, **Milagros Wallace**
Instagram: **@gregorina_is_here**
BPRO Editorial Detroit. Michigan, USA.
www.bproconsulting.com Instagram: **@bpro_editorial**
Cover design and illustrations: **Megan Herzart.**
Layout: **Elaine Agher.**
Conceptualization and editing: **Will Canduri.**

Suitable for ages 4 and up.
This is a work of fiction.
All characters, names, incidents or situations,
are the product of the author's imagination and were created solely for artistic
purposes only.
No part of this book may be reproduced in any form without written permission
from of the publisher or the author, except as permitted by U.S copyright law.

Ilustrado por/illustrated by MEGAN HERZART

MILAGROS WALLACE

A mi querido Franco.
¡Espero que te guste
mucho mi libro!
Disfrútalo.
Milagros Wallace
11-12-2022

Chuchito

Bilingual Edition
Spanish-English

BPRO
EDITORIAL

Este libro es un tributo a la familia,
al amor y la libertad.

*This book is a tribute to family,
love, and freedom.*

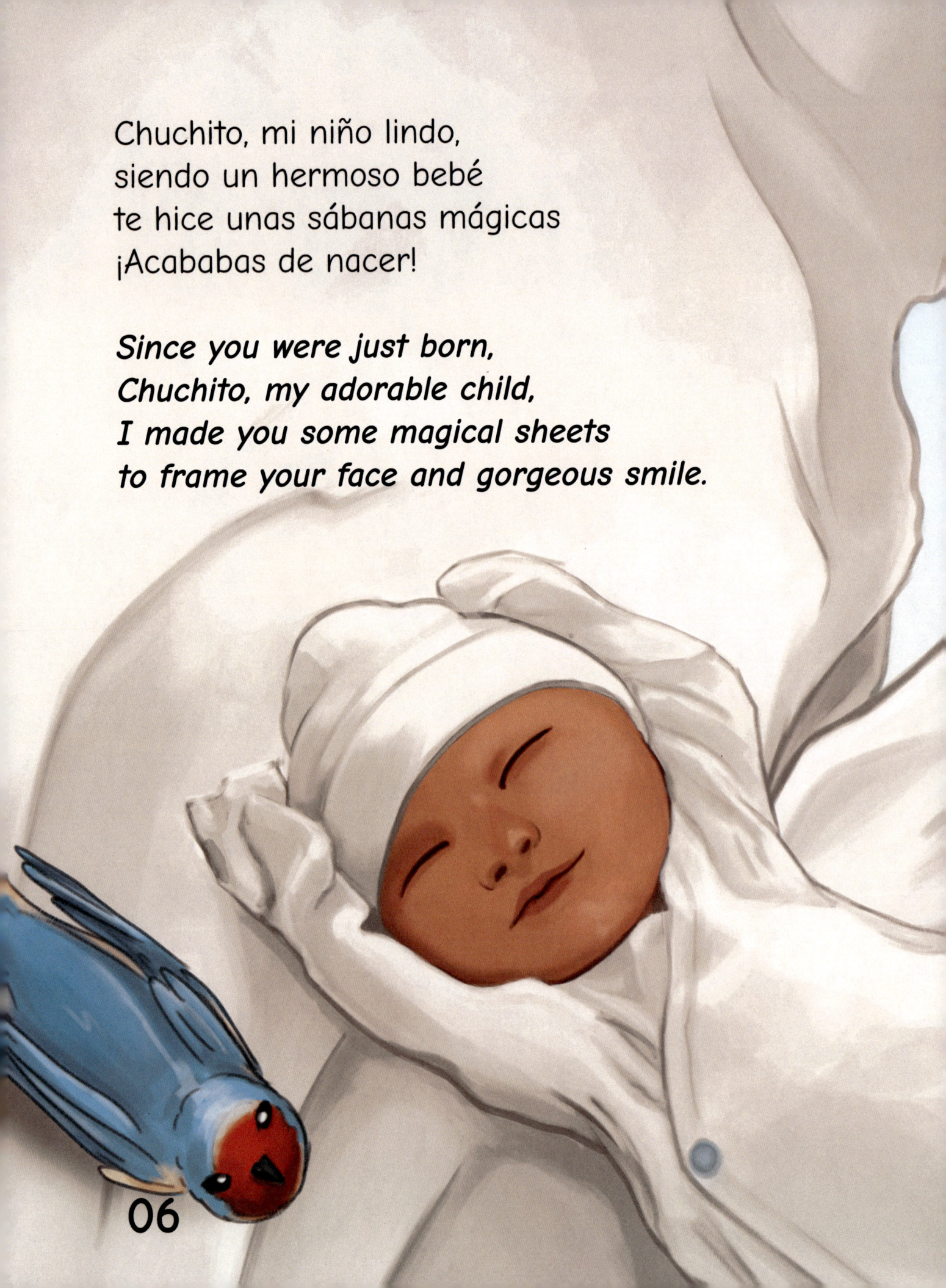

Chuchito, mi niño lindo,
siendo un hermoso bebé
te hice unas sábanas mágicas
¡Acababas de nacer!

Since you were just born,
Chuchito, my adorable child,
I made you some magical sheets
to frame your face and gorgeous smile.

Pinté pajaritos bellos
jugando entre verdes ramas
en dos almohadas blancas
decoradas en tu cama.

*Two white pillows that I created
with lovely birds playing among green trees
are displayed in your bed
freely dancing with the breeze.*

Recuerdo que te abrazaba,
¡te daba muchos besitos!
Jugábamos en el parque
de la mano, agarraditos.

*I gave you lots of kisses,
 I remember hugging you!
  We played together in the park,
   holding hands, my lovely Chuchu.*

De pelitos enroscados
y cachetes prominentes,
en cada fotografía
brillabas entre la gente.

*You stood out among the crowd
in all family reunions or pictures,
your coiling hair and high cheekbones,
were crucial components of the mixture.*

Una tarde te enseñaba
cómo te daba besitos,
permanecían tus labios
cerrados y apretaditos.

*One afternoon playing together
as I demonstrated to blow a kiss,
your lips stayed closed and tight,
a display of graceful bliss.*

Si tu casa visitaba
eras foco de alegría;
explorabas y jugabas
derrochando simpatía.

*If your house was visited,
you became the center of happiness.
You played and explored,
showing charm and loveliness.*

¡Guau! ¡Guau!
Woof! Woof!

¡Sígueme, Coco!
Coco, follow me!

¡Al servirte la comida,
la tirabas a los lados!
Manchándote los cachetes,
disfrutando los asados.

*You splashed your cheeks,
enjoying the roasts.
When serving your food,
you threw away the most!*

Los perritos te adoraban,
los abrazabas, mimabas,
cansándolos al jugar.
¡Te miraban y saltaban!

*The pups loved you so much
they glanced at you and jumped,
while you cuddled them and smiled
laughing and having fun.*

Cuando muy lejos viajé
te llevé en el corazón.
Con tu voz grabada en mi alma
cantabas una canción.

*When I traveled far away
I carried you in my heart,
your voice engraved in my soul
singing a song, which sounds like beautiful art!*

Al regresar del paseo
con bombones y presentes,
¡me abrazaste, mi Chuchito!
¡Solo veía tus dientes!

With chocolates and presents
I returned to see you,
your smile showed happiness
displaying the love that you knew.

En carnavales soñaba
que vistieras un disfraz
de un águila o una pantera.
¡Eres mi estrella fugaz!

In carnivals, I dreamed
that you were an eagle or a panther.
You are my shooting star!
The costumes were enchanters!

Las playas y las montañas
pintaron tu libertad
con colores de acuarela
en tus ojos de bondad.

*The ocean and the mountains
painted the freedom of your soul,
with stunning watercolor shades,
your dreams are beyond control.*

En las sábanas pintadas
fuiste a tu tierra soñada,
con algodón, caramelo,
juguetes y tu almohada.

*On the painted sheets
you drifted to your dreamland,
with cotton, caramel, toys,
and your pillow at hand.*

El pequeño consentido,
mi muchachito adorado,
por siempre Chuchito lindo,
estarás aquí a mi lado.

*My little cute baby,
beloved tiny child,
forever, adorable Chuchito,
you will be here by my side.*

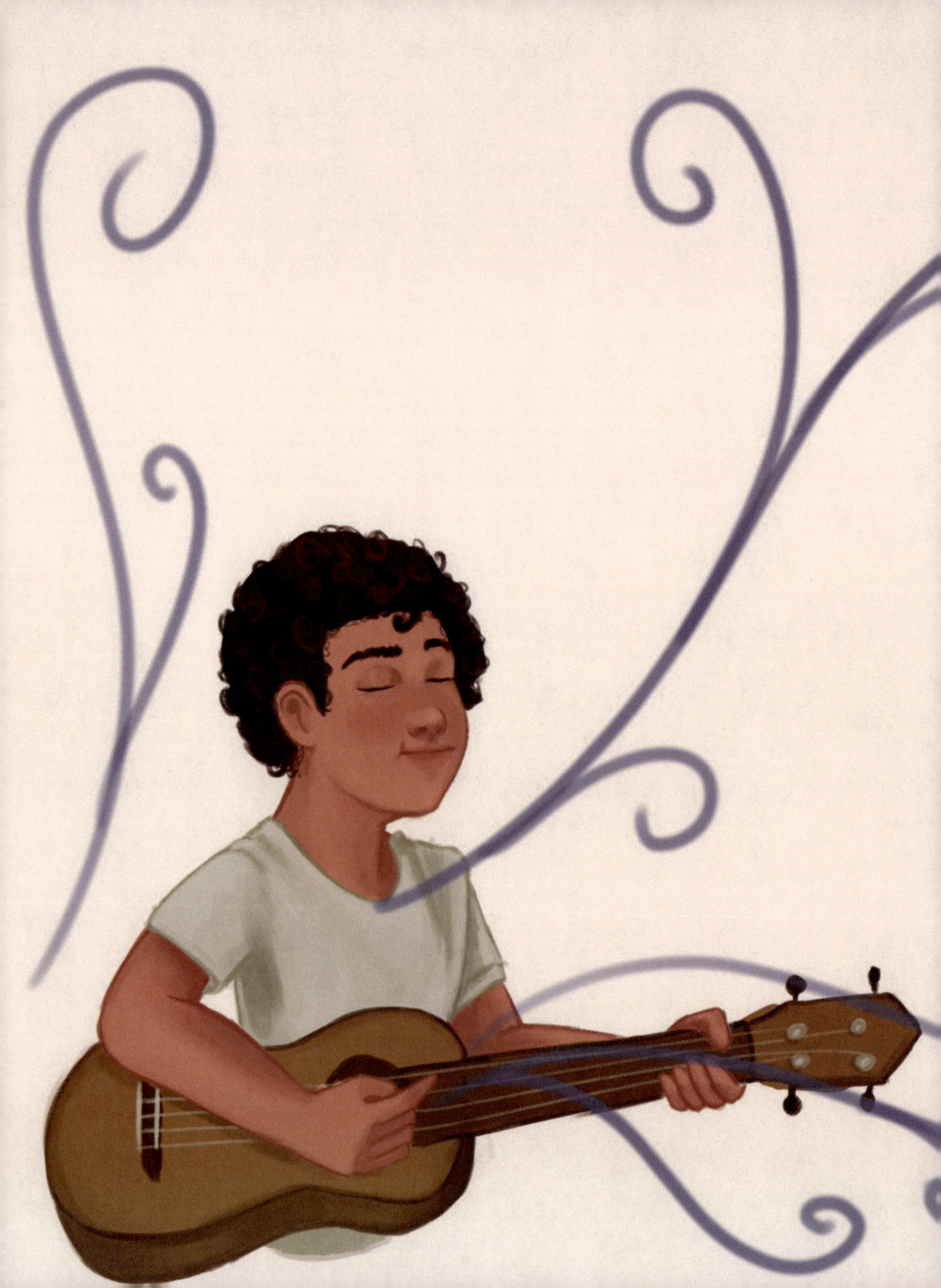

Fin

The end

La aventura aún no acaba
The adventure is not over yet

Español

1. Ordena las siguientes palabras del cuento *"Chuchito"*:

vaije: ☐☐☐☐☐

basaarbza: ☐☐☐☐☐☐☐☐☐

ctcaeseh: ☐☐☐☐☐☐☐☐

tasojapri: ☐☐☐☐☐☐☐☐☐

iocensnotd: ☐☐☐☐☐☐☐☐☐☐

Palabras: viaje, abrazabas, cachetes, pajaritos, consentido

English

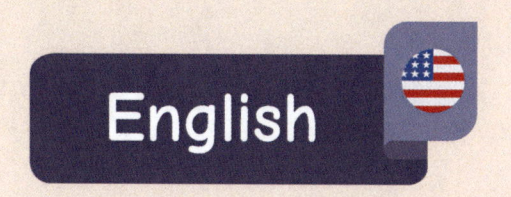

1. Organize the following words from the story *"Chuchito:"*

prti: ☐☐☐☐

eggduh: ☐☐☐☐☐☐

keches: ☐☐☐☐☐☐

brisd: ☐☐☐☐☐

vedlo: ☐☐☐☐☐

Words: trip, hugged, cheeks, birds, loved

Español

2. Identifica cuatro eventos en el cuento *"Chuchito"*. Utiliza los siguientes recuadros para dibujar y explicar su significado.

Event 1	Event 2
_____	_____
_____	_____
_____	_____
_____	_____
_____	_____

Event 3

Event 4

English

2. Identify four events in the short story *"Chuchito."* Use the following boxes to illustrate and explain their meaning.

Event 1

Event 2

Event 3

_____
_____
_____
_____
_____
_____

Event 4

_____
_____
_____
_____
_____
_____

Español

3. Compara la información disponible en el texto *"Chuchito"* y tus características personales. Nombra las similitudes y diferencias entre el personaje Chuchito y tú.

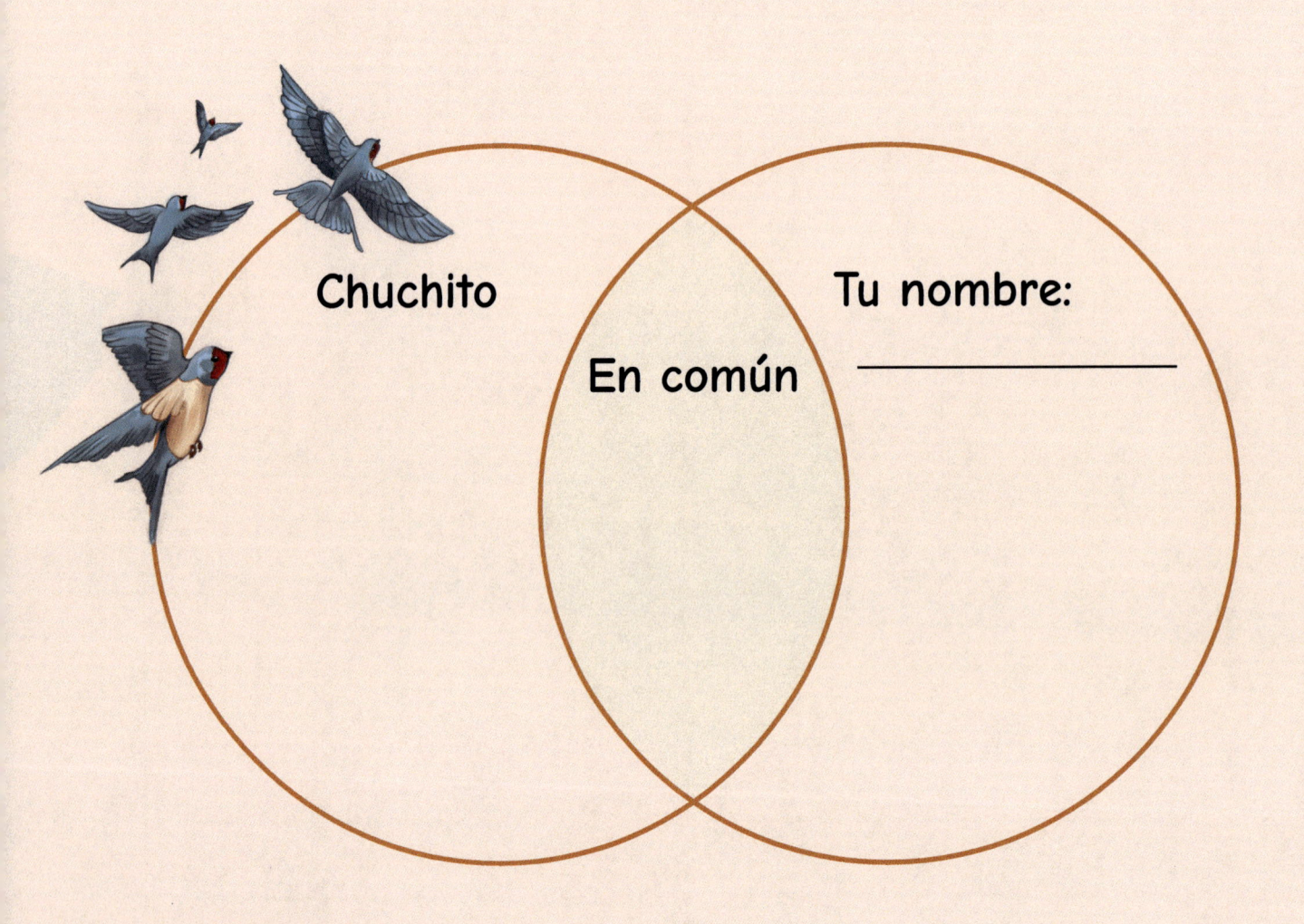

Chuchito

En común

Tu nombre: _____

English

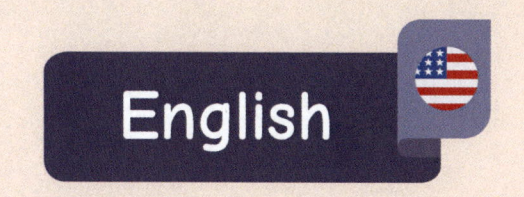

3. Compare the information available in the text *"Chuchito"* and your personal characteristics. Name the similarities and differences between the character Chuchito and you.

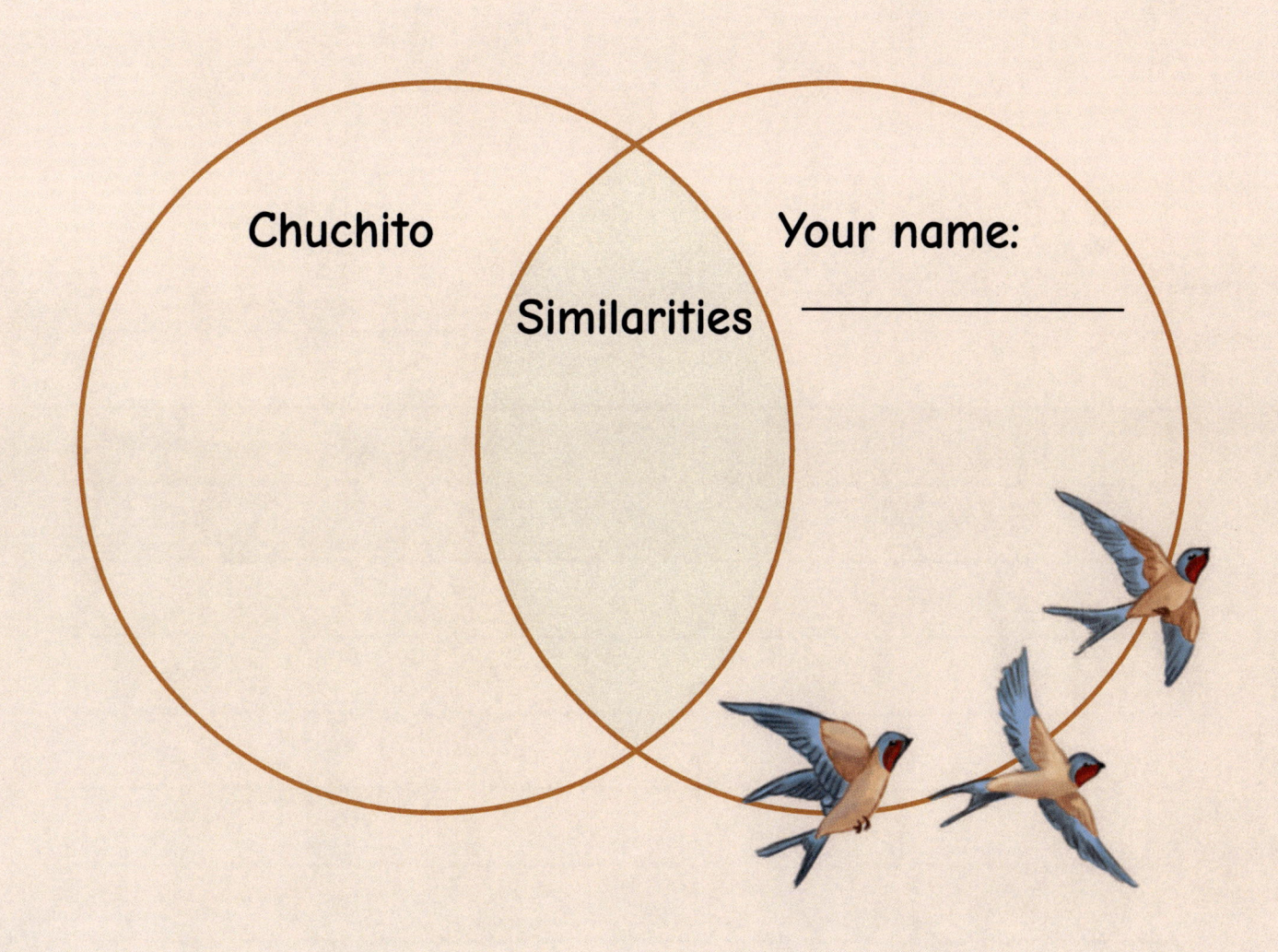

Chuchito

Similarities

Your name: _____

Español

4. Explica como *Chuchito* y tú son iguales y diferentes. Utiliza oraciones completas para expresar tus ideas.

English

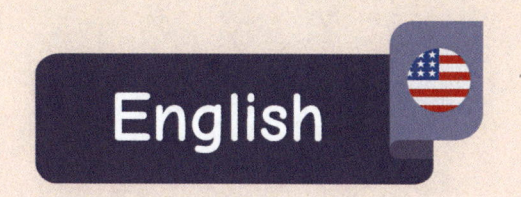

4. Using complete sentences, explain the similarities and differences between the character *Chuchito* and you.

_____
_____
_____
_____
_____
_____
_____
_____
_____

Español

5. Adivina, ¿quién es?

_____

Describe con tus propias palabras, ¿qué recuerdas de este personaje?

_____
_____
_____
_____
_____
_____

English

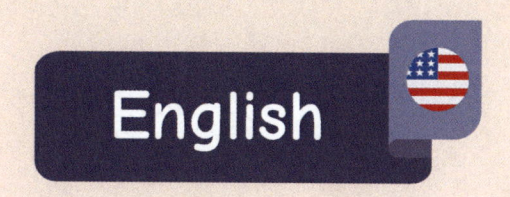

5. Guess who?

_____

Describe in your own words, what do you remember about this character?

_____
_____
_____
_____
_____
_____

Español

5. Adivina, ¿quién es?

_____

Describe con tus propias palabras, ¿qué recuerdas de este personaje?

_____
_____
_____
_____
_____
_____

English

5. Guess who?

_____

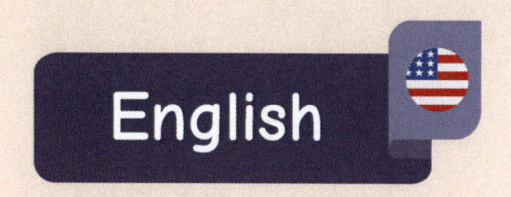

Describe in your own words, what do you remember about this character?

_____
_____
_____
_____
_____
_____

39

Español

5. Adivina, ¿quién es?

_____

Describe con tus propias palabras, ¿qué recuerdas de este personaje?

_____
_____
_____
_____
_____
_____

40

English

5. Guess who?

_____

Describe in your own words, what do you remember about this character?

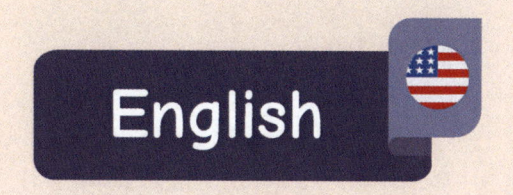

_____
_____
_____
_____
_____

Español

5. Adivina, ¿quién es?

_____

Describe con tus propias palabras, ¿qué recuerdas de este personaje?

_____
_____
_____
_____
_____

English

5. Guess who?

_____

Describe in your own words, what do you remember about this character?

_____
_____
_____
_____
_____

Español

¿Qué fue lo que más te gustó de la historia y por qué? Explica con tus propias palabras.

_____
_____
_____
_____
_____
_____
_____
_____

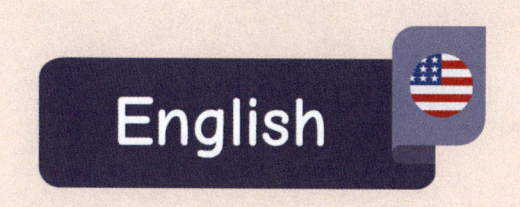

6. What did you like most about the story and why? Explain using your own words.

_____
_____
_____
_____
_____
_____
_____
_____
_____

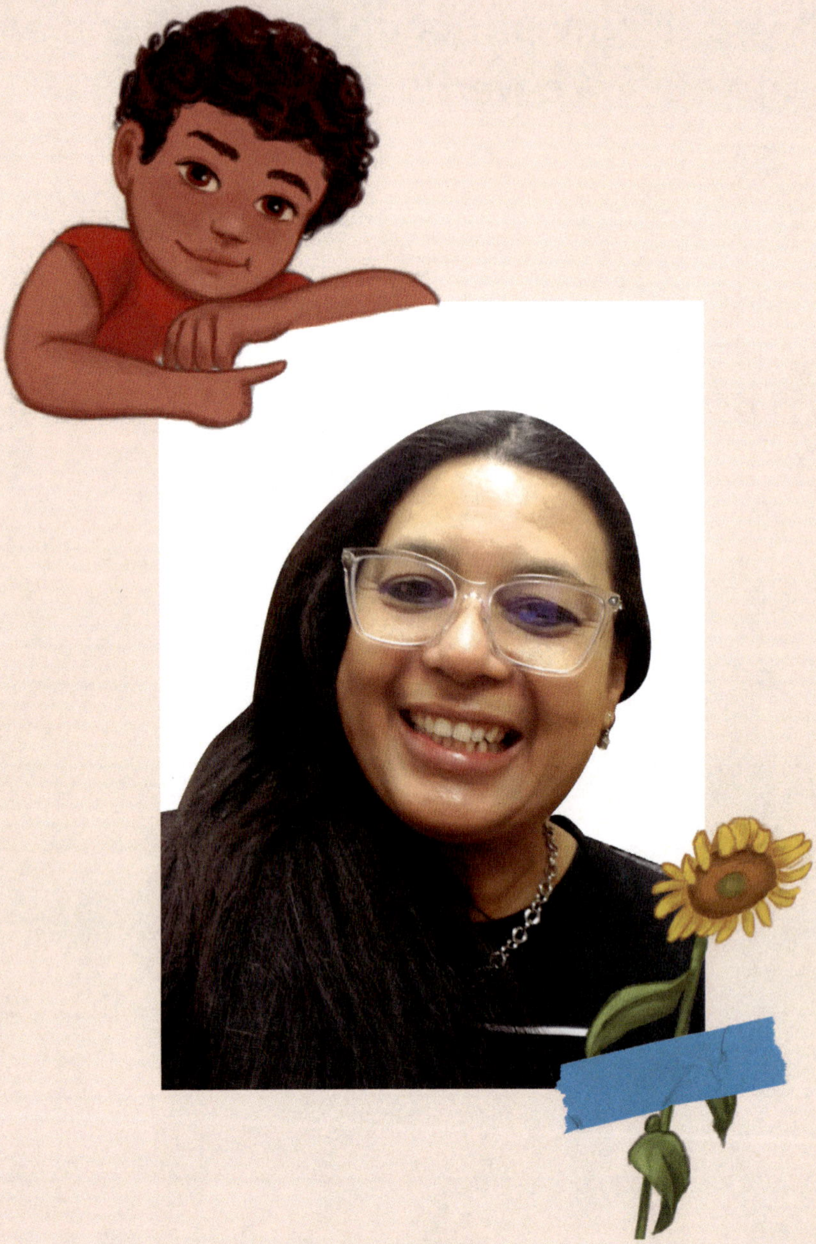

Biografía de la autora

Nacida en Cumaná, Venezuela, Milagros es una inmigrante venezolana en los Estados Unidos desde 1990. Comenzó sus estudios universitarios en *Universidad de Carabobo*, Valencia, Venezuela, graduándose años después en la ciudad de Chicago. Milagros estudió en *Rosary College, Dominican University, National Louis University* y finalmente en *American College of Education*. En estas instituciones, Milagros terminó su licenciatura con un enfoque en psicología y tres maestrías en el campo de educación. Las especializaciones fueron en Educación Especial, Instrucción y Curricular y la más reciente en Liderazgo Escolar. Milagros ha dedicado su carrera profesional al campo de la educación, trabajando en diferentes áreas como maestra bilingüe, maestra de educación especial, jefe del departamento bilingüe y subdirectora de escuela. En el 2007, Milagros fue maestra finalista al *DRIVE Award* en las Escuelas Públicas de Chicago. Actualmente, trabaja como maestra de Educación Especial en una Escuela de *Lenguaje Dual*.

Es la autora del libro "El cabello de Gregorina" y de su versión en inglés "Gregorina's hair". En septiembre 2022, el libro "El cabello de Gregorina" fue galardonado con medalla de plata en la categoría de libros en español, en el concurso *Moonbeam Children's Book Awards*.

Durante el desarrollo de su vida profesional, Milagros ha aprendido diferentes técnicas educativas y prácticas docentes que le han llevado a la excelencia de su trabajo en varias áreas. Orgullosa de sus raíces latinas y celebrando su idioma, Milagros escribe cuentos para expresar sus sentimientos y a través de sus historias enseñar a los niños una muestra de lo rico que es nuestro idioma.

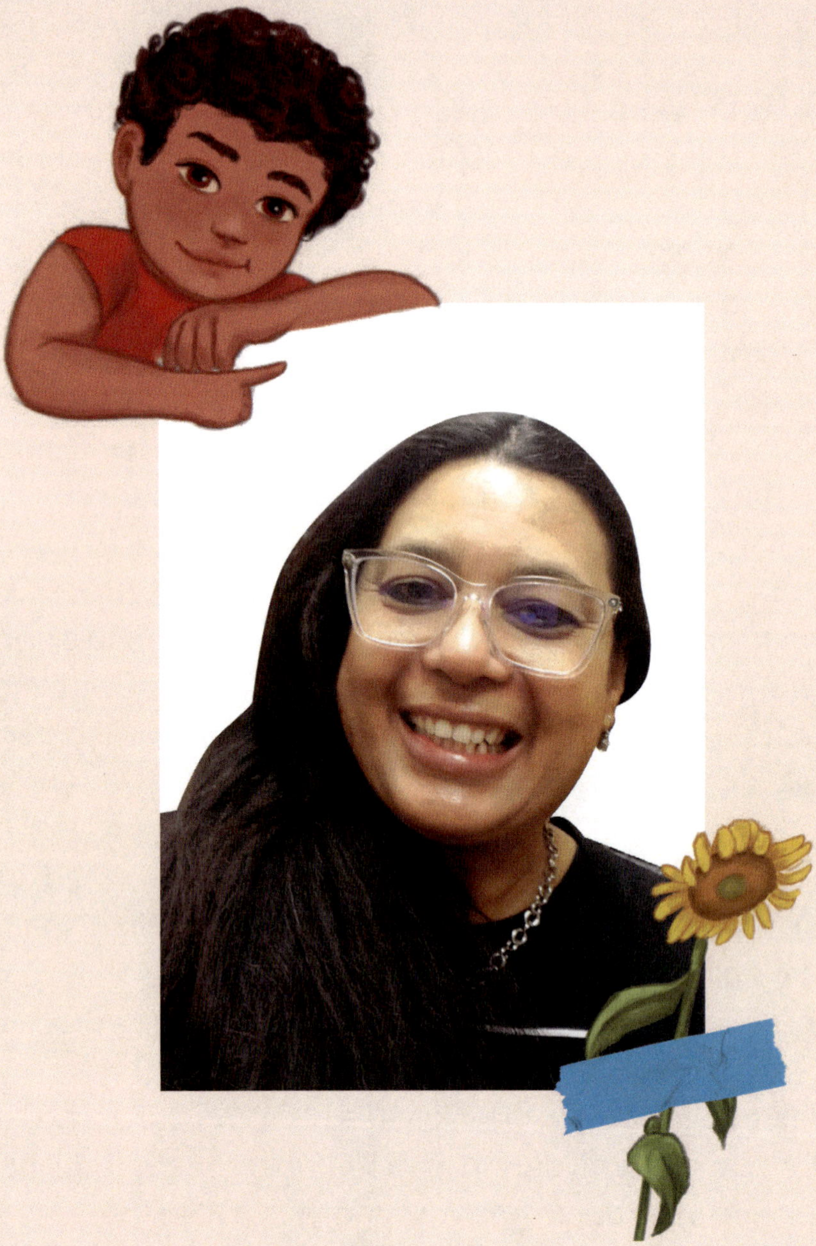

Author's Biography

Born in Cumaná, Venezuela, Milagros is a Venezuelan immigrant in the United States since 1990. She began her university studies at *Universidad de Carabobo*, Valencia, Venezuela, graduating years later in Chicago. Milagros studied at Rosary College, Dominican University, National Louis University, and finally at the *American College of Education*. At these institutions, Milagros completed her bachelor's degree with a focus on Psychology and three master's degrees in the field of education. Her specializations were in Special Education, Instruction and Curriculum, and most recently in School Leadership. Milagros has dedicated her professional career to the field of education working in different areas as a bilingual teacher, special education teacher, bilingual department head, and assistant principal. In 2007, Milagros was a teacher finalist for the *DRIVE Award* in Chicago Public Schools. She currently works as a Special Education teacher in a *Dual Language* School.

Milagros is the author of the book "EL cabello de Gregorina" and its English version "Gregorina's hair." In September 2022, the book "El cabello de Gregorina" was awarded a silver medal in the category of Spanish Language Books at the *Moonbeam Children's Book Awards* competition.

During the development of her professional life, Milagros has learned different educational techniques and teaching practices that have led her to excellence in her work in several areas. Proud of her Latin roots and celebrating her language, Milagros writes stories to express her feelings and through her stories teaches children a taste of how rich our language is.

Made in the USA
Middletown, DE
21 October 2022